Analyse de l'œuvre

Par Catherine Nelissen
et Johanna Biehler

Ruy Blas

de Victor Hugo

lePetitLittéraire.fr

Analyse de l'œuvre

Par Catherine Nelissen
et Johanna Biehler

Ruy Blas

de Victor Hugo

Rendez-vous sur lepetitlitteraire.fr et découvrez :

Plus de 1200 analyses
Claires et synthétiques
Téléchargeables en 30 secondes
À imprimer chez soi

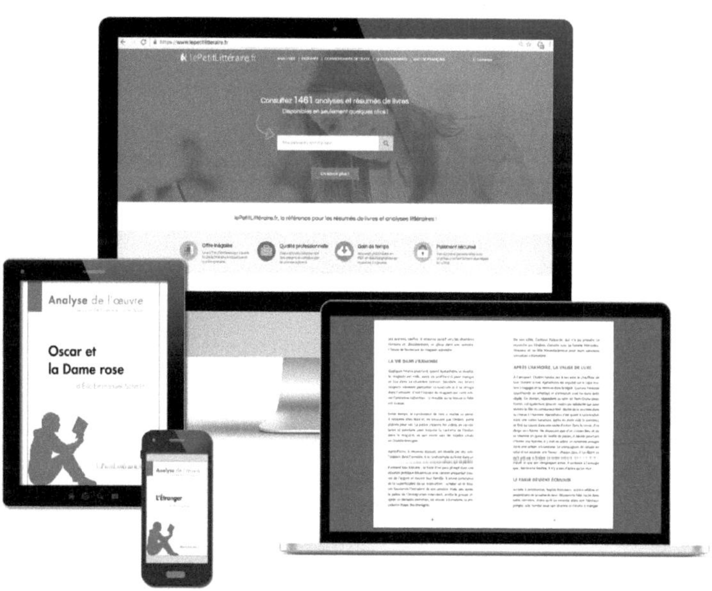

VICTOR HUGO

POÈTE, DRAMATURGE, ROMANCIER ET HOMME POLITIQUE FRANÇAIS

- **Né en 1802 à Besançon (Doubs)**
- **Décédé en 1885 à Paris**
- **Quelques-unes de ses œuvres :**
  - *Hernani* (1830), pièce de théâtre
  - *Notre-Dame de Paris* (1832), roman
  - *Les Misérables* (1862), roman

Homme de lettres aux talents multiples, Victor Hugo est l'écrivain emblématique du romantisme français. Élu chef de file des romantiques, il n'en mène pas moins une vie politiquement engagée, intervenant dans de grandes causes comme l'abolition de la peine de mort. Durant le Second Empire (1852-1870), il est contraint à l'exil (1851-1870) à Jersey, puis à Guernesey où il écrit notamment *Les Misérables*.

À sa mort en 1885, la République lui organise des obsèques nationales grandioses, et il est célébré par le peuple comme le plus grand écrivain français.

RUY BLAS

UNE DES PLUS BELLES ILLUSTRATIONS DU DRAME ROMANTIQUE

- **Genre :** tragédie
- **Édition de référence :** *Ruy Blas*, Paris, Hachette, coll. « Classiques Hachette », 2005, 319 p.
- **1ʳᵉ édition :** 1838
- **Thématiques :** histoire, vengeance, privilèges, noblesse, scandale, rivalité

Publié en 1838, *Ruy Blas* est l'un des chefs-d'œuvre tragiques de Victor Hugo. Composé de cinq actes, il se déroule en Espagne à la fin du XVIIᵉ siècle. La pièce raconte comment Ruy Blas, un valet espagnol, se dresse contre les privilèges de la noblesse et tente de se montrer digne d'aimer la reine d'Espagne. Mais il se heurte au désir de vengeance de son maitre qui, contraint à l'exil par la reine, décide de perdre la réputation de celle-ci en lui donnant son serviteur pour amant.

Ce drame romantique en vers, joué pour la première fois au théâtre parisien de la Renaissance, a connu le succès public, mais aussi de virulentes attaques pour son refus de respecter les règles classiques. Il est également le reflet de l'engagement de Victor Hugo pour le peuple.

RÉSUMÉ

ACTE I – DON SALLUSTE

Dans un salon du palais royal à Madrid, don Salluste de Bazan médite sur la disgrâce qu'il subit. Chassé de la cour par la reine d'Espagne, doña Maria de Neubourg, pour avoir eu un enfant avec une suivante qu'il refuse d'épouser, don Salluste prépare sa vengeance. Il offre de l'argent à son cousin, don César de Bazan, pour l'aider dans ses représailles. Mais ce jeune seigneur dépravé refuse, dans un sursaut d'honneur, de s'en prendre à une femme : « J'aimerais mieux, plutôt qu'être à ce point infâme/ [...]/ Qu'un chien rongeât mon crâne au pied du pilori ! » (v. 246-248).

Sous prétexte d'aller malgré tout chercher l'argent qu'il a promis à son cousin, don Salluste quitte la pièce, laissant don César seul avec Ruy Blas, son valet. Les deux hommes, qui se sont connus quatre ans auparavant, expriment leur joie de se revoir. Ruy Blas avoue à son vieil ami qu'il est amoureux de la reine. Don Salluste, qui a tout entendu, décide de l'utiliser pour accomplir sa vengeance. Il fait enlever don César pour le vendre aux corsaires d'Afrique et lui substitue Ruy Blas à qui il fait écrire deux lettres : un message d'amour à la reine et une lettre dans laquelle le domestique reconnait être au service de don Salluste. Celui-ci ordonne ensuite à Ruy Blas, obligé de se soumettre à cause de sa condition de valet, de séduire la reine et de devenir son amant.

ACTE II – LA REINE D'ESPAGNE

La jeune reine, délaissée par son époux Charles II, s'ennuie loin de ses parents et de son Allemagne natale (« Vraiment, je meurs depuis un an que je suis reine », v. 665). Prisonnière des règles, elle s'évade par la pensée. Elle rêve de l'inconnu qui, chaque jour, dépose sur un banc du parc royal un bouquet de ses fleurs préférées auquel il vient de joindre une lettre.

Lorsque Ruy Blas, qui a pris l'identité de don César, apporte à la reine un court billet de chasse dicté par le roi, la jeune femme reconnait l'écriture de son admirateur. Peu après avoir donné la missive, Ruy Blas s'évanouit, troublé d'avoir enfin pu approcher son idole. Don Guritan, vieux majordome épris lui aussi de la reine, s'inquiète de cette idylle naissante et provoque Ruy Blas en duel (« L'un de nous est de trop dans ce palais », v. 921). Pour sauver son jeune soupirant, la reine envoie don Guritan porter un coffret à ses parents, en Allemagne.

ACTE III – RUY BLAS

Élevé aux plus hauts rangs de la cour par la reine, Ruy Blas s'oppose aux conseillers royaux qui pillent l'Espagne. Il s'assure le respect de la majorité d'entre eux et l'admiration de la reine qui, depuis son cabinet secret, a écouté son discours au conseil privé du roi. Elle avoue son amour à son soupirant qui, une fois seul, remercie Dieu de ce bonheur inattendu. Mais, alors que le jeune homme savoure sa joie, don Salluste réapparait brusquement pour lui rappeler son rôle et sa condition (« Ne l'oubliez pas, vous êtes mon valet/ Vous courtisez la reine ici par aventure », v. 1428-1429). Ruy Blas comprend alors que don Salluste s'est servi de lui pour se venger de la reine. Ce dernier menace de révéler sa véritable condition et l'amour qu'il éprouve à la reine. Il ne peut révéler le complot sous peine d'être démasqué. Il accepte donc d'obéir à don Salluste et de le retrouver dans son repaire.

ACTE IV– DON CÉSAR

Dans la maison de don Salluste, Ruy Blas est désespéré. Il ne connait pas le plan de son maitre mais veut à tout prix protéger la reine (« Il faut que je la sauve ! », v. 1500). Il décide de la prévenir du danger et de lui envoyer un message par le biais de don Guritan qu'il sait fidèle à la jeune femme. Ruy Blas se retire ensuite pour aller prier.

C'est alors que le vrai don César, qui a fui ceux qui l'avaient enlevé, se réfugie par hasard dans la chambre de Ruy Blas, dans le repaire de don Salluste. Vêtu de haillons, il endosse sans le savoir le manteau que don Salluste a donné à Ruy Blas pour l'introduire à la Cour. Don César reçoit ensuite une grosse somme d'argent de don Salluste, destinée en réalité à Ruy Blas pour qu'il joue son rôle dans le complot. Il accepte ce cadeau avant que don Guritan entre en scène.

Revenu d'Allemagne où il est allé apporter le coffret de la reine, don Guritan veut se venger de Ruy Blas. Il n'a pas transmis le message à la reine. Il n'en connait même pas le contenu, car, dès qu'il a su qu'il venait de son rival, il a fait enfermer le messager de ce dernier. Quand don César se présente comme le vrai don César à Guritan, celui-ci s'énerve, car il ne reconnait pas Ruy Blas (« Vous n'êtes pas César, la chose me regarde ;/ Mais je vais commencer par vous », v. 1913-1914). Don César et don Guritan se battent en duel, et don Guritan est tué. Don Salluste fait alors arrêter don César pour meurtre et pour vol afin de préserver son stratagème.

ACTE V – LE TIGRE ET LE LION

Ruy Blas, qui pense que la reine a été prévenue du danger, décide de s'empoisonner pour se punir d'avoir participé au complot (« Meurs comme on doit mourir quand on expie un crime ! », v. 2034). Mais elle arrive et l'en empêche. Don Salluste lui a envoyé une lettre prétendument écrite par Ruy Blas dans laquelle ce dernier la supplie de venir le retrouver, pour pouvoir les surprendre et salir la réputation de la reine, voire la faire répudier. Don Salluste surprend le couple. Il propose un marché à la reine : soit elle abandonne son trône, s'enfuit avec Ruy Blas (qu'elle pense toujours être don César) et permet à Salluste de redevenir un grand seigneur, soit elle reste à Madrid et sera déshonorée une fois sa relation avec Ruy Blas révélée par don Salluste. Ruy Blas lui dévoile alors sa véritable identité : « Je m'appelle Ruy Blas et je suis un laquais ! » (v. 2143) Il tue don Salluste et demande pardon à la reine. Il avale ensuite le poison et meurt dans les bras de sa bienaimée qui lui avoue son amour et lui pardonne : « Je te pardonne et t'aime, et je te crois ! » (v. 2240).

ÉTUDE DES PERSONNAGES

RUY BLAS

Ruy Blas est le type même du héros romantique. Déchiré entre la haute idée qu'il se fait de lui-même et la position sociale qu'il occupe, Ruy Blas souffre. Orphelin qui a vécu dans la rue, il est le valet de don Salluste de Bazan. Celui-ci l'introduit pourtant à la Cour « jusqu'au sommet » (acte III, scène III) où il devient un homme respecté des autres seigneurs. Né dans le peuple, Ruy Blas est prisonnier d'une société qui lui fait monter et descendre les échelons sociaux au gré des complots et des volontés des plus forts.

Son amour pour la reine reflète son conflit interne. « Ver de terre amoureux d'une étoile » (v. 798), il aspire à un avenir meilleur tout en ne pouvant pas oublier ses origines modestes. La malédiction du romantique pèse sur Ruy Blas : il est seul, victime de don Salluste et de la société qui a fait de lui un marginal.

Il évolue tout au long de l'œuvre :

- le début de la pièce le montre soumis à son maitre, obéissant aux ordres de don Salluste (« Ruy Blas, fermez la porte, ouvrez cette fenêtre./ *Ruy Blas obéit, puis, sur un signe de don Salluste, il sort par la porte du fond* », v. 1). Il est également désespéré par son amour pour la reine, qu'il pense impossible. Il se sent prisonnier dans sa servitude. Il a perdu la joie de vivre qu'il connaissait dans la rue ;

- lorsque don Salluste l'introduit à la Cour, il est d'abord égaré (« Où suis-je ? », v. 807). Il est ébloui par la reine (« Qu'elle est belle ! », v. 807) et en oublie comment il est arrivé là (« Oh ! pour qui suis-je ici ? », v. 807). Devenu son favori, il devient ambitieux, s'élève aux hauts rangs de la société et en profite pour défendre des idées justes. Il se dresse contre les privilèges de la noblesse et fait preuve de courage et de fierté en acceptant le duel que lui propose don Guritan ;
- après la déclaration d'amour de la reine qui représente le point culminant de l'ascension sociale et sentimentale de Ruy Blas, don Salluste ruine tous les rêves du jeune homme. Il lui rappelle son rôle et ses origines. Ruy Blas fait alors preuve d'intelligence en décidant d'envoyer un message à la reine par l'intermédiaire de don Guritan. Il se montre fidèle à celle qu'il aime ;
- finalement, Ruy Blas prouve son honnêteté en révélant à la reine son identité. Il finit par tuer le représentant de la société qui l'opprime (don Salluste) et acquiert sa liberté en choisissant de se donner la mort.

DON SALLUSTE

Don Salluste est un seigneur espagnol sans scrupules. Froid et manipulateur, il incarne le type même de l'odieux personnage. Son habit (velours noir, manteau doublé de satin noir) et son vocabulaire (dans lequel abondent les mots faisant référence à l'obscurité, au piège et à la vengeance) le présentent directement comme un homme mauvais.

Don Salluste est en tous points opposé à Ruy Blas. Noble

d'origine et pauvre d'esprit, il n'évolue pas durant la pièce. Son statut et son caractère restent identiques d'un bout à l'autre du récit. Il mène à son terme le plan contre la reine et manipule Ruy Blas jusqu'à l'avant-dernière scène. Don Salluste est rusé et observateur : il sait que son serviteur désire au plus profond de lui entrer à la Cour afin de se rapprocher de la reine. Quand don Salluste ordonne à son valet de devenir seigneur et de la séduire, il sait que Ruy Blas ne peut pas refuser car il exauce son vœu le plus cher.

Don Salluste symbolise le mal et l'oppression sociale. Il est un « effrayant démon » (v. 612), un « diable » redouté (v. 182 et 463).

DON CÉSAR

Don César est le cousin de don Salluste. C'est un noble qui a gaspillé sa fortune. Poursuivi par ceux qui lui réclament l'argent qu'il leur doit, don César a pris la fuite et a adopté le nom de Zafari. Quand la pièce débute, il connait la rue et la pauvreté depuis neuf ans. Tout le monde le croit mort ou disparu. Il vit de petits méfaits et compte dans son entourage « tous les gueux de Madrid » (v. 196). Pour cette raison, don Salluste tente d'en faire son allié dans son projet de vengeance contre la reine, don César pouvant rapidement soulever une émeute s'il le faut. Mais le « bandit » (v. 63) refuse d'aider son cousin dans un complot aussi sombre et malveillant. Il conserve un certain sens moral : il renonce à la récompense proposée par don Salluste pour ne pas faire de mal à une femme.

Don César est un personnage secondaire de la pièce. Si

Victor Hugo lui réserve l'acte IV en entier, c'est pour apporter un peu d'humour à son œuvre :

- c'est un personnage picaresque (type de personnage qui vit une succession d'aventures, dont le plus connu est certainement don Quichotte), un vagabond préoccupé par l'argent, la nourriture et la boisson ;
- ses sens sont constamment en éveil ;
- ses répliques font sourire le lecteur par leur côté décalé.

LA REINE

Doña Maria de Neubourg est originaire d'Allemagne. Lorsque la pièce commence, cela fait un an qu'elle est mariée au roi d'Espagne, Charles II. Cette année faite d'ennui et de contraintes extrêmes la poussent à l'échappée sentimentale. Nostalgique de son insouciance passée, elle se sent seule et privée d'amour : ce sont ces sentiments qui la mènent directement vers Ruy Blas.

La reine est probablement le personnage le plus simple de la pièce. Ses sentiments dominent sa raison, et elle n'accepte pas le protocole lié à son statut royal. Impulsive, elle n'hésite pas à rejoindre Ruy Blas en cachette à cause d'une simple lettre, alors qu'elle se sait menacée par don Salluste depuis qu'elle l'a chassé de la cour. Dans ses deux premières répliques, elle répète en effet à propos de don Salluste : « Cet homme-là me hait. » (v. 587 et 588) Mariée à un homme qu'elle n'aime pas et malheureuse, elle trouve l'amour avec Ruy Blas. Sa mort la touche profondément.

CLÉS DE LECTURE

LES SOURCES DE *RUY BLAS*

De juin 1811 à mars 1812, Victor Hugo, accompagné de sa mère et ses deux frères, part rejoindre son père installé en Espagne. Les souvenirs de ce séjour ont certainement poussé l'auteur à choisir ce pays comme décor pour sa pièce. Soucieux du détail, Hugo se documente à travers plusieurs ouvrages quant à l'Histoire espagnole mais aussi à propos des us et coutumes de la Cour. Il puise également dans plusieurs œuvres pour rédiger son *Ruy Blas*.

Le thème du valet déguisé et de l'échange est très apprécié au théâtre. Hugo se serait notamment inspiré des *Précieuses ridicules* (1659) de Molière (auteur dramatique français, 1622-1673), cité comme référence pour *Ruy Blas* dans le journal de sa fille Adèle. Il s'approprie donc une situation connue du public que l'on retrouve également dans plusieurs pièces de Marivaux (écrivain français, 1688-1763), *La Fausse Suivante* (1724) et *Le Jeu de l'amour et du hasard* (1730), dans laquelle les maitres se déguisent en valets et inversement, avant de retrouver leurs conditions à la fin de la pièce. On retrouve également des similitudes avec le cinquième acte du *Mariage de Figaro* (1784) de Beaumarchais (écrivain français, 1732-1799), de même qu'avec l'opéra de Mozart *Don Giovanni*, qui met en scène la même situation. Par ailleurs, les retournements de situation de *Ruy Blas* seraient inspirés, notamment en ce qui concerne l'alternance de burlesque et de tragique, de la dramaturgie de *La vie est un songe* (1635) de Calderón (poète dramatique espagnol, 1600-1681).

UN DRAME ROMANTIQUE

Ruy Blas est une des illustrations les plus accomplies du drame romantique apparu en 1823 avec le texte fondateur de Stendhal (écrivain français, 1783-1842), *Racine et Shakespeare*. Celui-ci y met en évidence la supériorité du théâtre de Shakespeare (dramaturge anglais, 1564-1616), libre, sur celui de Racine (poète dramatique français, 1639-1699), profondément classique. Le combat contre le classicisme est aussitôt lancé.

En 1827, Victor Hugo publie la préface de *Cromwell* (1827), dans laquelle il définit le drame romantique comme une pièce de théâtre allant à l'encontre des règles classiques (le refus des règles classiques et de la bienséance, le mélange des genres, des héros moins stéréotypés, etc.). *Ruy Blas*, publiée onze ans plus tard, est un bel exemple de ce nouveau genre. La pièce présente en effet les caractéristiques majeures du drame romantique :

- **le refus des unités de temps, de lieu et d'action.** L'esthétique classique veut que l'action d'une pièce se déroule en un lieu unique et en une journée maximum. Cela permet de faire coïncider l'espace scénique et le temps de la représentation avec le lieu et la durée réelle de l'action représentée. Les romantiques prônent, eux, une liberté d'écriture permettant de suivre l'évolution des personnages. Dans *Ruy Blas*, l'action dure un peu plus de six mois (v. 984) et se déroule dans deux lieux différents : le palais royal et la maison de don Salluste ;
- **la mise à mal de la règle de bienséance.** Alors que les

classiques rejettent toute représentation de la violence sur scène, les romantiques n'hésitent pas à y montrer les réalités les plus dérangeantes : le suicide de Ruy Blas est montré au spectateur. Par contre, les meurtres de don Guritan et de don Salluste se déroulent hors scène ;

- **le mélange des genres.** La fusion du comique et du sérieux, du grotesque (ce qui est ridicule) et du sublime (ce qui est beau, élevé) est une caractéristique importante du drame romantique. Elle permet de représenter la vie telle qu'elle est, incluant tout ce qui est laid et bas. Ce mélange s'observe dans chaque personnage de *Ruy Blas* : le héros est un laquais qui aspire à la grandeur ; don César est un grand seigneur devenu malfrat ; don Salluste a une relation avec une suivante alors que son valet est amoureux de la reine, et celle-ci tombe sous le charme du pauvre Ruy Blas. La comédie (qui transparait notamment dans le personnage extravagant de don César et dans les réponses décalées des personnages) s'unit au mélodrame (dont les quiproquos et les situations invraisemblables se retrouvent dans la pièce, comme lorsque don César se réfugie par hasard dans le repaire de Salluste). La tragédie se joue, quant à elle, dans le destin des personnages : don César devient sans le vouloir l'allié de Salluste (César ayant tué Guritan qui voulait s'en prendre à Ruy Blas ; celui-ci est donc en sécurité et peut accomplir le plan de Salluste) ; don Salluste meurt et Ruy Blas se suicide. Autant de mélanges que les classiques ne pouvaient accepter ;

- **la mise en scène d'un héros romantique.** *Ruy Blas* est l'incarnation du héros romantique. Individu original, en marge de la société, il illustre le mal du siècle, soit le sentiment d'inadaptation qu'éprouvaient les romantiques face aux bouleversements historiques qui s'enchainaient à l'époque. Porté par son désir de s'élever dans la société et de se montrer digne de la reine, Ruy Blas se heurte à la fatalité et finit par mourir.

LE SUBLIME ET LE GROTESQUE

Durant la seconde moitié du XVIIIe siècle, la volonté de représenter des pièces plus proches des spectateurs se fait jour. La tragédie classique est ainsi considérée comme désuète et trop éloignée des préoccupations du public. Diderot (écrivain français, 1713-1784) et Beaumarchais plaident pour un théâtre qui met en scène une classe sociale en pleine expansion, la bourgeoisie. De cette volonté nait le drame bourgeois qui se doit de représenter la réalité telle qu'elle est, dans ses aspects les plus glorieux et les plus sordides. C'est ce que Victor Hugo défend dans sa célèbre préface de *Cromwell* et qu'il appelle le sublime et le grotesque, deux notions qui « se croisent dans le drame, comme ils se croisent dans la vie et dans la création ». Dans *Ruy Blas*, elles vont sans cesse se côtoyer, alterner ou même s'entrechoquer afin de se mettre en valeur l'une l'autre.

Le sublime est un terme d'esthétique particulièrement complexe à définir. Il s'agit de tout ce qui, dans les sentiments humains, dépasse la nature, à la fois dans le genre « élevé » (étymologiquement, le mot provient du latin *sublimis*, qui signifie « élevé, haut ») mais aussi de façon plus inattendue dans la démesure et le chaos. Au théâtre, ce sont les actions ou les sentiments considérés comme héroïques ou nobles qui amènent cette notion de sublime (par exemple, le sens du sacrifice ou l'émoi amoureux). Pour le professeur de lettres Alain Viala, il représente l'un des deux composants principaux du héros romantique : « Le romantisme a conçu le sublime comme l'une des composantes du "héros problématique" de l'âge du "drame" : vulgaire et grotesque d'un côté, il est d'un autre côté capable de se dépasser, il accède au sublime. » (ARON P., SAINT-JACQUES D. et VIALA A., *Le dictionnaire du littéraire*, p. 593).

De ce côté, le grotesque était durant l'Antiquité un style d'ornement pictural aux formes extrêmement variées qui peuvent se décrire comme « bizarres », « biscornues » ou encore « étranges », et qui peut avoir un lien avec les déformations du corps. Le terme est entré dans le domaine de la littérature grâce à Montaigne (écrivain français, 1533-1592) qui compare ses *Essais* (1580) à des « peintures fantasques, n'ayant grâce qu'en la variété et étrangeté », à des « corps monstrueux, rapiécés de divers membres, sans certaine figure, n'ayant ordre, suite ni proportion que fortuite » (MONTAIGNE, *Essais*, livre I, chap. XXVIII, p. 183). Par extension, il faut entendre aujourd'hui la notion de grotesque comme regroupant toute la monstruosité possible (physique et morale) à laquelle il faut ajouter tous les vices de l'humanité car « le Beau n'a qu'un type, le Laid en a mille » (extrait de la préface de *Cromwell*, p. 18).

Ruy Blas est donc un drame qui mêle le sublime (sujets élevé, grandeur d'âme de Ruy Blas notamment) et le grotesque (personnage de don Salluste, etc.). En mélangeant ces deux registres, l'auteur présente une pièce « singulièrement pessimiste [qui] ne montre nullement la victoire du Héros-Peuple, triomphant par la parole, mais l'impossibilité pour l'homme du peuple de parvenir au pouvoir autrement que par une imposture qui le rend impuissant » (UBERSFELD A., *Le drame romantique*, p. 146).

LE COMIQUE DANS *RUY BLAS*

La pièce comporte des éléments comiques, tels que :

- **le comique de situation**, comme le quiproquo que l'on retrouve à travers la méprise entre Ruy Blas et don César (acte I, scène V) ;
- **le comique de caractère**, que l'on retrouve notamment à travers les caricatures des ministres, personnages préoccupés uniquement par leurs intérêts personnels (acte III, scène II). Victor Hugo fait ici une critique de l'homme politique ;
- **le comique de mot**, lorsque don César fait, par exemple, un jeu de mot basé sur la paronomase (rapprochement de paronymes à l'intérieur d'une phrase ou d'un vers afin de dégager un effet stylistique) entre « spiritueux » et « spirituel » (acte IV, scène II). Il mêle alcool et religion, ce qui constitue une occasion de se moquer de celle-ci ;
- **le comique de situation**, telle que l'arrivée de don César par la cheminée (acte IV, scène II).

LE DÉCLIN DE LA MONARCHIE

Ruy Blas offre bien plus qu'une simple analyse de l'Espagne de la fin du XVIIe siècle. L'imprécision de la date à laquelle

Victor Hugo situe son action, « 169* », illustre son désir de généralisation. Ses personnages ne sont pas de simples individualités, mais des êtres emblématiques. Victor Hugo cherche en effet à rompre avec le théâtre classique en donnant à voir des personnages plus humains et non des stéréotypes. L'absence de date précise donne une portée plus universelle, le public de son époque se sentant ainsi plus proche des personnages :

- don Salluste et les conseillers incarnent l'aristocratie cupide et égoïste ;
- don César est l'illustration de l'autre partie de la noblesse qui, impuissante face à une situation qui se dégrade et l'écœure, choisit de fuir et de vivre au jour le jour ;
- la reine est, quant à elle, la fusion de deux personnages historiques : Marie-Anne de Neubourg (1667-1746), seconde femme de Charles II (1661-1700, roi d'Espagne), de nature autoritaire et investie en politique, et Marie-Louise d'Orléans (1662-1689), première épouse du roi qui, elle, était douce et résignée. Héroïne romantique idéalisée, la reine de Victor Hugo apparait comme un secours pour le peuple démuni (v. 620-623). Elle intervient dans la vie politique du royaume en faisant de l'incarnation du peuple, en la personne de Ruy Blas, son Premier ministre.

À travers ces personnages, Victor Hugo montre le déclin de la monarchie. Seul Ruy Blas, dont le nom vient de l'espagnol *ruy* (« noble ») et *blas* (« roturier »), s'élève parmi les personnages de la pièce. Symbole de la démocratie, Ruy Blas incarne le peuple qui se dresse contre les excès de l'aristocratie. Mais son échec final n'est pas sans rappeler celui, partiel, de la Révolution française (1789).

L'INFLUENCE DE *FAUST*

Victor Hugo s'est beaucoup inspiré du mythe de Faust (XVIe siècle) lorsqu'il a écrit *Ruy Blas*, et notamment sur la traduction française que Gérard de Nerval (écrivain français, 1808-1855) a donnée en 1828 à la première version de la pièce de Goethe (écrivain allemand, 1749-1832). Les similitudes entre *Ruy Blas* et Faust sont nombreuses :

- la référence à Faust, qui vend son âme au diable en échange de tous les plaisirs terrestres (puissance, amour, sagesse, etc.), est évidente lorsque Ruy Blas s'écrie aux vers 421-426 :

> « Oh ! mon âme au démon ! je la vendrais, pour être
> Un des jeunes seigneurs que, de cette fenêtre,
> Je vois en ce moment, comme un vivant affront,
> Entrer, la plume au feutre et l'orgueil sur le front !
> Oui, je me damnerais pour dépouiller ma chaîne,
> Et pour pouvoir comme eux m'approcher de la reine. »

  le billet que don Salluste fait écrire à Ruy Blas et dans lequel ce dernier se dit laquais au service de don Salluste (v. 503-507) rappelle également le pacte par lequel Faust vend son âme au diable ;
- don Salluste procure à Ruy Blas tout ce qu'il désire (ascension sociale, amour) comme le fait le diable avec Faust. Il rend la reine accessible à Ruy Blas, de la même façon que le diable rend Marguerite, timide et pudibonde, accessible à Faust ;
- don Salluste est comparé au diable tout au long de la

pièce, par tous les personnages. « Vous avez toujours eu de l'esprit comme un diable », dit de lui don César (v. 182) La reine le traite, quant à elle, de « mauvais ange » (v. 590), et Ruy Blas le nomme « Satan » (v. 2100) et « démon » (v. 2210) ;

- Ruy Blas se rebelle contre son maitre lorsqu'il met fin à son idylle avec la reine, tout comme Faust se retourne contre Satan quand il voit qu'il a perdu Marguerite.

UNE RÉCEPTION PARADOXALE

L'œuvre dramatique de Victor Hugo est constituée d'une succession de scandales, d'échecs et de succès : si le public populaire l'apprécie, les critiques vont davantage l'attaquer. L'auteur s'essaie à l'écriture dramatique très jeune, mais ses premiers textes restent à l'état de projet. Devenu un poète, journaliste et romancier reconnu, il revient au théâtre avec *Cromwell*. L'œuvre, injouable, est occultée par sa « Préface », un véritable manifeste en faveur du théâtre romantique.

Quelque temps plus tard, il écrit *Hernani* qui est représenté pour la première fois le 25 février 1830. Ce drame romantique déclenche de vives contestations de la part des classiques et donne lieu à la célèbre bataille d'Hernani.

LA BATAILLE D'HERNANI

Le 25 février 1830, la première représentation d'*Hernani* est donnée dans un climat particulièrement houleux. Les jeunes écrivains romantiques, menés par Gérard de Nerval et Théophile Gautier (écrivain français, 1811-1872), sont venus défendre la pièce qui brise les règles de la dramaturgie classique. Le spectacle se déroule tout autant sur scène que dans la salle où les « Jeunes-France » (jeunes romantiques français) en viennent parfois aux mains avec les « perruques » (surnom donné aux partisans du classicisme).

Début juillet 1838, après plusieurs échecs, Victor Hugo commence la rédaction de *Ruy Blas*. Si la pièce est très appréciée du public, elle déchaine la colère des critiques qui reprochent à l'auteur l'inconvenance des rapports et des sentiments entre la reine et son laquais déguisé en ministre.

À travers le personnage issu du peuple présenté comme un héros, certains voient une accusation politique, une sympathie pour le courant antimonarchique. C'est le cas du journal légitimiste *La Mode*, qui écrit dans sa critique parue le 10 novembre 1838 :

> « Après avoir taché de sang et couvert d'ordures François Ier,
> le roi-chevalier [roi de France, 1494-1547], Marie Tudor, la
> reine catholique [reine d'Angleterre, 1516-1558], voilà main-
> tenant que M. Hugo veut réhabiliter le laquais couvert de sa
> livrée et démontrer à tous que l'homme dans sa souquenille
> usée peut être aussi héroïque que le monarque enveloppé
> dans la pourpre impériale. »

De manière générale, la critique est, à cette époque, désta-
bilisée par ce que Victor Hugo appelle le grotesque.

Deux siècles plus tard, le succès est toujours au rendez-vous.
Le personnage romantique de Ruy Blas et sa noblesse d'âme
ont en effet séduit plusieurs scénaristes. Jean Vilar (acteur
et metteur en scène français, 1912-1971) l'a ainsi mis en scène
en 1954 avec Gérard Philipe (acteur français, 1922-1959) dans
le rôle-titre, et en 2011, Christian Schiaretti (metteur en
scène français, né en 1955) a choisi la pièce pour inaugurer
le nouveau Grand théâtre du Théâtre national populaire de
Villeurbanne, preuve en est que ce drame reste d'actualité.

QUELQUES QUESTIONS POUR APPROFONDIR SA RÉFLEXION…

- Dans la préface de *Ruy Blas*, Victor Hugo explique que « don Salluste serait le Drame, don César la Comédie, Ruy Blas la Tragédie ». Expliquez cette déclaration.
- Victor Hugo montre une certaine retenue dans l'exclusion des règles classiques au sein de *Ruy Blas*. Quels sont les points communs entre *Ruy Blas* et *Lorenzaccio* d'Alfred de Musset (écrivain français, 1810-1857) ?
- La relation qu'entretiennent la reine et Ruy Blas peut, sur certains points, être comparée à celle qui unissait le chevalier et sa dame dans l'amour courtois. Justifiez cette analyse en étudiant les sentiments des personnages, leurs positions sociales et leurs actes.
- Victor Hugo affirme dans sa préface qu'il a « voulu remplir *Hernani* du rayonnement d'une aurore, et couvrir *Ruy Blas* des ténèbres d'un crépuscule ». À quoi l'auteur fait-il référence ? Quels traits relatifs aux deux œuvres permettent de soutenir cette déclaration ?
- À la fin de la scène III de l'acte III, la reine s'adresse à Ruy Blas et s'exclame : « Le génie est ta couronne, à toi ! » (v. 1275) Quelle vision de la société propre à l'auteur peut-on retrouver dans cette déclaration ?
- En quoi don César peut-il être comparé au picaro, personnage de roman espagnol qui vit en marge de la société, célèbre pour ses voyages et ses aventures rocambolesques ?
- Citez trois œuvres littéraires françaises et/ou espagnoles

dont Victor Hugo a pu s'inspirer pour créer *Ruy Blas*.

- Dans la scène III de l'acte IV, don César dévoile sa vision de l'homme et de la vie à travers ses répliques et les choix qu'il fait. Décrivez la philosophie de ce personnage.
- L'acte V s'intitule « Le tigre et le lion ». Symboliquement, que représentent ces animaux ? Quels personnages peuvent-ils désigner ?
- *Ruy Blas* illustre l'alliance du sublime et du grotesque prônée par Hugo. Analysez la présence de ces deux esthétiques dans l'acte V. Laquelle de ces deux notions domine le plus selon vous ?

Votre avis nous intéresse !
Laissez un commentaire sur le site de votre librairie en ligne
et partagez vos coups de cœur sur les réseaux sociaux !

POUR ALLER PLUS LOIN

ÉDITION DE RÉFÉRENCE

- HUGO V., *Ruy Blas*, Paris, Hachette, coll. « Classiques Hachette », 2005.

ÉTUDES DE RÉFÉRENCE

- ARON P., SAINT-JACQUES D. et VIALA A., *Le dictionnaire du littéraire*, Paris, PUF, coll. « Quadrige », 2004.
- BARA O. *et alii.*, *Hernani et Ruy Blas*, Neuilly-sur-Seine, éditions Atlande, coll. « Clefs concours », 2008.
- DAUVIN S. et J., *Victor Hugo : Hernani – Ruy Blas*, Paris, Hatier, coll. « Profil d'une œuvre », 2003.
- GOUILLON C. et SAINT-PIERRE G., *Ruy Blas*, Paris, Ellipses, coll. « Résonances », 2005.
- LEDDA S., *Hernani et Ruy Blas*, Toulouse, Presses universitaires du Mirail, coll. « Amphi 7 », 2008.
- MILLET C., « Hernani, Ruy Blas et les complications du pathétique », in *Groupe Hugo*, consulté le 30 octobre 2016.
- MONTAIGNE, *Essais*, livre I, chap. XXVIII, Paris, PUF, 1965.
- PEYRACHE-LEBORGNE D., « Victor Hugo et le sublime : entre tragique et utopie », in *Romantisme*, n° 82, 1993.
- UBERSFELD A., *Le drame romantique*, Paris, Belin, coll. « Lettres sup. », 1993.
- UBERSFELD A., « Le grotesque », in CORVIN M. (dir.), *Dictionnaire encyclopédique du théâtre à travers le monde*, Paris, Bordas, 2008.
- UBERSFELD A., *Le roi et le bouffon*, Paris, José Corti, coll. « Essais », 2001.

- Zaragoza G., *Ruy Blas de Hugo*, Paris, Hachette, coll. « Repères Hachette », 1995.

ADAPTATIONS

- *Ruy Blas*, film de Pierre Billon, scénario de Jean Cocteau, avec Jean Marais, Danielle Darrieux et Marcel Herrand, France et Italie, 1948.
- *Ruy Blas*, téléfilm de Jacques Weber, avec Carole Bouquet, Gérard Depardieu et Jacques Weber, France, 2002.
- *Ruy Blas*, mise en scène de Jacques Bachelier, avec Stefane Marques et Jacques Bachelier, Boîte Noire – Creps, France, 2011.

SUR LEPETITLITTÉRAIRE.FR

- Commentaire de la préface de 1832 du *Dernier Jour d'un condamné* de Victor Hugo.
- Commentaire de la préface de *Cromwell* de Victor Hugo.
- Commentaire de la scène II de l'acte I de *Hernani* de Victor Hugo.
- Commentaire du chapitre VI du livre I de *Notre-Dame de Paris* de Victor Hugo.
- Fiche de lecture *Claude Gueux* de Victor Hugo.
- Fiche de lecture sur *Hernani*.
- Fiche de lecture sur *Le Dernier Jour d'un condamné*.
- Fiche de lecture sur *Les Misérables* de Victor Hugo.
- Fiche de lecture sur *L'Homme qui rit* de Victor Hugo.
- Fiche de lecture sur *Notre-Dame de Paris*.
- Fiche de lecture sur *Quatrevingt-Treize* de Victor Hugo.
- Fiche de lecture sur *Les Contemplation* de Victor Hugo.

- Questionnaire de lecture sur *Claude Gueux*.
- Questionnaire de lecture sur *Le Dernier Jour d'un condamné*.
- Questionnaire de lecture de *Quatrevingt-Treize*.

Retrouvez notre offre complète sur lePetitLittéraire.fr

- des fiches de lectures
- des commentaires littéraires
- des questionnaires de lecture
- des résumés

ANOUILH
- Antigone

AUSTEN
- Orgueil et Préjugés

BALZAC
- Eugénie Grandet
- Le Père Goriot
- Illusions perdues

BARJAVEL
- La Nuit des temps

BEAUMARCHAIS
- Le Mariage de Figaro

BECKETT
- En attendant Godot

BRETON
- Nadja

CAMUS
- La Peste
- Les Justes
- L'Étranger

CARRÈRE
- Limonov

CÉLINE
- Voyage au bout de la nuit

CERVANTÈS
- Don Quichotte de la Manche

CHATEAUBRIAND
- Mémoires d'outre-tombe

CHODERLOS DE LACLOS
- Les Liaisons dangereuses

CHRÉTIEN DE TROYES
- Yvain ou le Chevalier au lion

CHRISTIE
- Dix Petits Nègres

CLAUDEL
- La Petite Fille de Monsieur Linh
- Le Rapport de Brodeck

COELHO
- L'Alchimiste

CONAN DOYLE
- Le Chien des Baskerville

DAI SIJIE
- Balzac et la Petite Tailleuse chinoise

DE GAULLE
- Mémoires de guerre III. Le Salut. 1944-1946

DE VIGAN
- No et moi

DICKER
- La Vérité sur l'affaire Harry Quebert

DIDEROT
- Supplément au Voyage de Bougainville

DUMAS
- Les Trois Mousquetaires

ÉNARD
- Parlez-leur de batailles, de rois et d'éléphants

FERRARI
- Le Sermon sur la chute de Rome

FLAUBERT
- Madame Bovary

FRANK
- Journal d'Anne Frank

FRED VARGAS
- Pars vite et reviens tard

GARY
- La Vie devant soi

GAUDÉ
- La Mort du roi Tsongor
- Le Soleil des Scorta

GAUTIER
- La Morte amoureuse
- Le Capitaine Fracasse

GAVALDA
- 35 kilos d'espoir

GIDE
- Les Faux-Monnayeurs

GIONO
- Le Grand Troupeau
- Le Hussard sur le toit

GIRAUDOUX
- La guerre de Troie n'aura pas lieu

GOLDING
- Sa Majesté des Mouches

GRIMBERT
- Un secret

HEMINGWAY
- Le Vieil Homme et la Mer

HESSEL
- Indignez-vous !

HOMÈRE
- L'Odyssée

HUGO
- Le Dernier Jour d'un condamné
- Les Misérables
- Notre-Dame de Paris

HUXLEY
- Le Meilleur des mondes

IONESCO
- Rhinocéros
- La Cantatrice chauve

JARY
- Ubu roi

JENNI
- L'Art français de la guerre

JOFFO
- Un sac de billes

KAFKA
- La Métamorphose

KEROUAC
- Sur la route

KESSEL
- Le Lion

LARSSON
- Millenium I. Les hommes qui n'aimaient pas les femmes

LE CLÉZIO
- Mondo

LEVI
- Si c'est un homme

LEVY
- Et si c'était vrai…

MAALOUF
- Léon l'Africain

MALRAUX
- La Condition humaine

MARIVAUX
- La Double Inconstance
- Le Jeu de l'amour et du hasard

MARTINEZ
- Du domaine des murmures

MAUPASSANT
- Boule de suif
- Le Horla
- Une vie

MAURIAC
- Le Nœud de vipères

MAURIAC
- Le Sagouin

MÉRIMÉE
- Tamango
- Colomba

MERLE
- La mort est mon métier

MOLIÈRE
- Le Misanthrope
- L'Avare
- Le Bourgeois gentilhomme

MONTAIGNE
- Essais

MORPURGO
- Le Roi Arthur

MUSSET
- Lorenzaccio

MUSSO
- Que serais-je sans toi ?

NOTHOMB
- Stupeur et Tremblements

ORWELL
- La Ferme des animaux
- 1984

PAGNOL
- La Gloire de mon père

PANCOL
- Les Yeux jaunes des crocodiles

PASCAL
- Pensées

PENNAC
- Au bonheur des ogres

POE
- La Chute de la maison Usher

PROUST
- Du côté de chez Swann

QUENEAU
- Zazie dans le métro

QUIGNARD
- Tous les matins du monde

RABELAIS
- Gargantua

RACINE
- Andromaque
- Britannicus
- Phèdre

ROUSSEAU
- Confessions

ROSTAND
- Cyrano de Bergerac

ROWLING
- Harry Potter à l'école des sorciers

SAINT-EXUPÉRY
- Le Petit Prince
- Vol de nuit

SARTRE
- Huis clos
- La Nausée
- Les Mouches

SCHLINK
- Le Liseur

SCHMITT
- La Part de l'autre
- Oscar et la
  Dame rose

SEPULVEDA
- Le Vieux qui
  lisait des romans
  d'amour

SHAKESPEARE
- Roméo et Juliette

SIMENON
- Le Chien jaune

STEEMAN
- L'Assassin
  habite au 21

STEINBECK
- Des souris et
  des hommes

STENDHAL
- Le Rouge et
  le Noir

STEVENSON
- L'Île au trésor

SÜSKIND
- Le Parfum

TOLSTOÏ
- Anna Karénine

TOURNIER
- Vendredi ou
  la Vie sauvage

TOUSSAINT
- Fuir

UHLMAN
- L'Ami retrouvé

VERNE
- Le Tour
  du monde
  en 80 jours
- Vingt mille
  lieues sous
  les mers
- Voyage au
  centre de
  la terre

VIAN
- L'Écume des jours

VOLTAIRE
- Candide

WELLS
- La Guerre des
  mondes

YOURCENAR
- Mémoires
  d'Hadrien

ZOLA
- Au bonheur
  des dames
- L'Assommoir
- Germinal

ZWEIG
- Le Joueur
  d'échecs

www.lepetitlitteraire.fr

ISBN version numérique : 978-2-8062-9097-7
ISBN version papier : 978-2-8062-9098-4
Dépôt légal : D/2016/12603/848

Avec la collaboration de Johanna Biehler pour les chapitres suivants : « Les sources de *Ruy Blas* », « Le sublime et le grotesque », « Le comique dans *Ruy Blas* », « Une réception paradoxale » ainsi que pour les encadrés sur la bataille d'*Hernani* et sur Faust.

Conception numérique : Primento,
le partenaire numérique des éditeurs.

Ce titre a été réalisé avec le soutien de la Fédération Wallonie-Bruxelles, Service général des Lettres et du Livre.